Impressum
Verlag: BABADADA GmbH, Nedderfeld 112 , 22529 Hamburg
Geschäftsführer / Verlagsleitung: Harald Hof
Druck: Books on Demand GmbH, In de Tarpen 42, 22848 Norderstedt

Imprint
Publisher: BABADADA GmbH, Nedderfeld 112 , 22529 Hamburg, Germany
Managing Director / Publishing direction: Harald Hof
Print: Books on Demand GmbH, In de Tarpen 42, 22848 Norderstedt

դպրոց

shule

բաժանել
kugawanya
186/2
գրատախտակ
ubao
մատյան
sajili
խաղադաշտ
ուսուցիչ
mwalimu
թուղթ
karatasi
գրել
kuandika
գրիչ
kalamu
գրասեղան
dawati
քանոն
rula
գիրք
kitabu
աշակերտ
mwanafunzi

պայուսակ

mkoba

գրչատուփ

kikasha cha penseli

մատիտ

penseli

մատիտի սրիչ

kichonga penseli

ռետին

mpira

նկարչական ալբոմ

pedi ya kuchora

նկարչություն

uchoraji

վրձին

brashi ya rangi

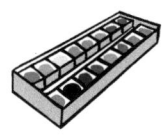

ներկերի տուփ

sanduku la rangi

մկրատ

mkasi

սոսինձ

gundi

տետր

daftari

Տնային աշխատանք

kazi ya nyumbani

12

թիվ

nambari

2+2

գումարել

jumlisha

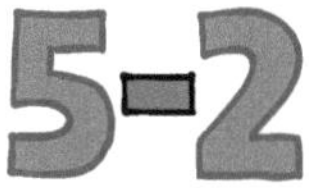

5-2

հանել

ondoa

2×2

բազմապատկել

zidisha

հաշվել

kokotoa

A

տառ

barua

ABCDEFG HIJKLMN OPQRSTU VWXYZ

այբուբեն

alfabeti

hello

բառ

neno

տեքստ
maandishi

կարդալ
kusoma

կավիճ
chaki

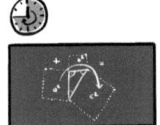

դաս
somo

մատյան
sajili

քննություն
uchunguzi

վկայական
cheti

դպրոցական համազգեստ
sare za shule

կրթություն
elimu

հանրագիտարան
elezo

համալսարան
chuo kikuu

մանրադիտակ
darubini

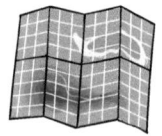

քարտեզ
ramani

աղբարկղ
kikapu cha kuweka karatasi
chafu

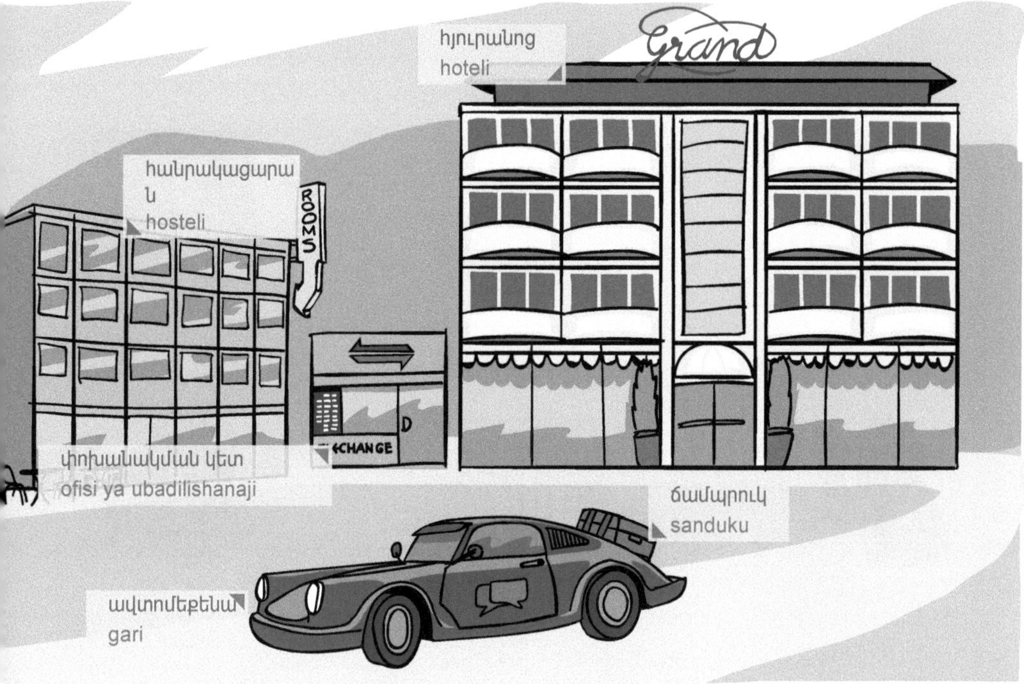

հյուրանոց
hoteli
Grand
հանրակացարա
ն
hosteli
ROOMS
փոխանակման կետ
ofisi ya ubadilishanaji
CHANGE
ճամպրուկ
sanduku
ավտոմեքենա
gari

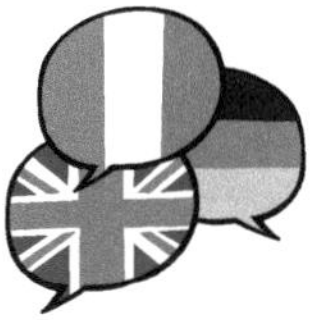

լեզու

lugha

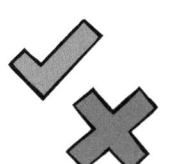

այո / ոչ

ndiyo / la

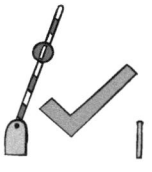

Լավ

sawa

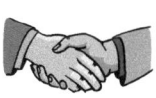

ողջույն

hujambo

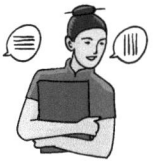

թարգմանիչ

mtafsiri

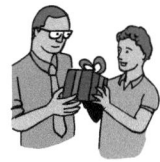

Շնորհակալություն

Asante

Որքան է ...?

kiasi gani ni ...?

Ես չեմ հասկանում

Sielewi

խնդիր

tatizo

Բարի երեկո

Jioni njema!

Բարի լույս

Habari za asubuhi!

Բարի երեկո

Usiku mwema!

ցտեսություն

kwa heri

ուղղություն

mwelekeo

ուղղեբեռ

mizigo

պայուսակ

mfuko

մեջքի պայուսակ

shanta

հյուր

mgeni

սենյակ

chumba

քնապարկ

begi la kulalia

վրան

hema

Զբոսաշրջության տեղեկատվական

taarifa ya utalii

լողափ

ufuo

ԿՐԵԴԻՏ քարտ

kadi

նախաճաշ

kifunguakinywa

լանչ

chakula cha mchana

ճաշ

chakula cha jioni

տոմս

tiketi

վերելակ

kuinua

կնիք

muhuri

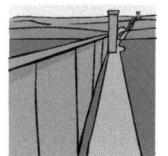

սահման

mpaka

մաքսային

mila

դեսպանություն

ubalozi

մուտքի արտոնագիր

visa

անձնագիր

pasipoti

Փոխադրամիջոցներ

usafiri

ինքնաթիռ
ndege
նավ
meli
հրշեջ մեքենա
injini ya moto
ավտոբուս
basi
բեռնատար մեքենա
lori
մոտորանավակ
motaboti
հեծանիվ
baiskeli
ավտոմեքենա
gari

լաստանավ

feri

նավակ

mashua

մոտոցիկլ

pikipiki

ոստիկանության մեքենա

gari la polisi

մրցարշավային մեքենա

gari la mashindano

վարձակալվող մեքենա

gari la kukodisha

մեքենայի վարձակալում

kushiriki gari

էվակուատոր

lori la kuvuta

աղբահանության մեքենա

ukusanyaji taka

շարժիչ

motor

վառելիք

mafuta

բենզալցակայան

kituo cha mafuta

երթևեկության նշան

ishara trafiki

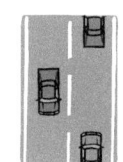

երթևեկություն

trafiki

խցանում

msongamano

ավտոկանգառ

maegesho

երկաթուղային կայարան

kituo cha treni

երկաթուղագիծ

reli

գնացք

garimoshi

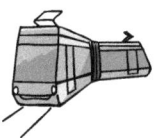

տրամվայ

tremu

վագոն

gari la mizigo

ուղղաթիռ

helikopta

օդանավակայան

uwanja wa ndege

աշտարակ

mnara

ուղեւոր

abiria

աման

chombo

խավաքարտ

katoni

սայլ

mkokoteni

զամբյուղ

kikapu

հանեք / հողատարածք

ondoka

քաղաք
jiji

գյուղ

kijiji

քաղաքի կենտրոնում

katikati ya jiji

տուն

nyumba

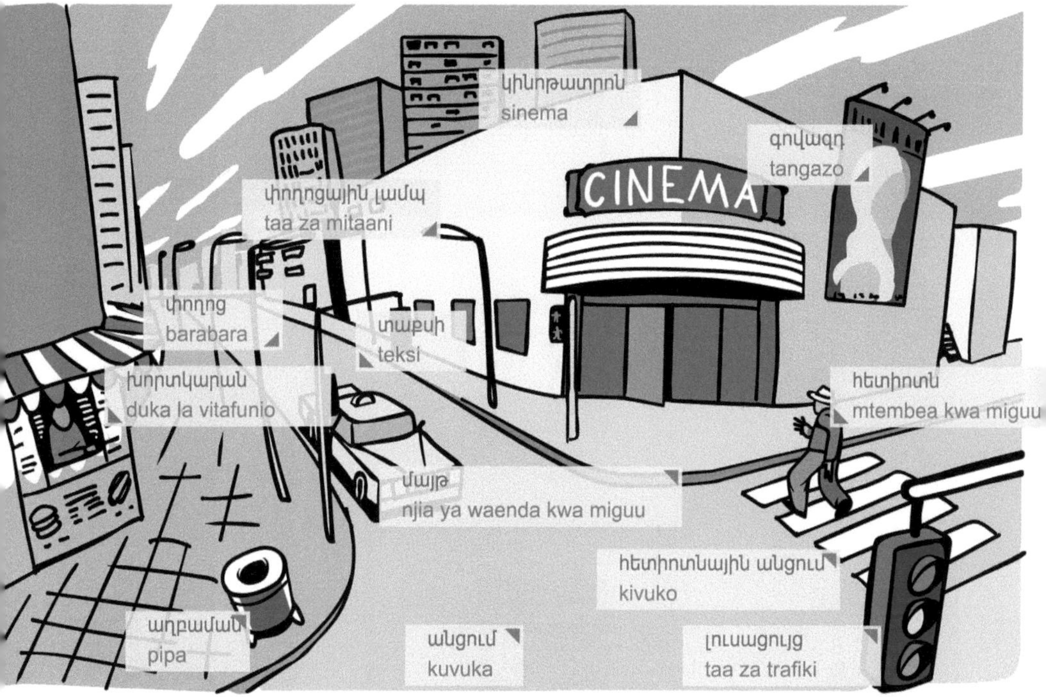
կինոթատրոն
sinema
գովազդ
tangazo
CINEMA
փողոցային լամպ
taa za mitaani
փողոց
barabara
տաքսի
teksi
խորտկարան
duka la vitafunio
հետիոտն
mtembea kwa miguu
մայթ
njia ya waenda kwa miguu
հետիոտնային անցում
kivuko
աղբաման
pipa
անցում
kuvuka
լուսացույց
taa za trafiki

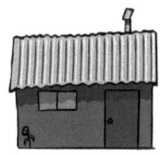

խրճիթ

kibanda

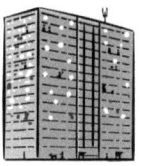

բնակարան

gorofa

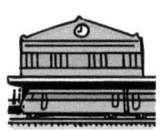

երկաթուղային կայարան

kituo cha treni

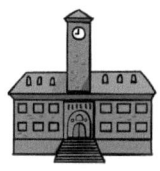

քաղաքապետարան

ukumbi wa mji

MUSEUM

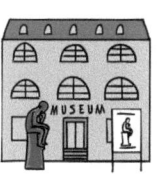

թանգարան

Makavazi

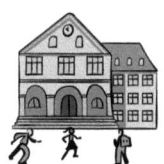

դպրոց

shule

համալսարան

chuo kikuu

բանկ

benki

հիվանդանոց

hospitali

հյուրանոց

hoteli

դեղատուն

duka la dawa

գրասենյակ

ofisi

գրքույկ խանութ

duka la kitabu

խանութ

duka

ծաղկի խանութ

duka la maua

սուպերմարկետ

dukakuu

շուկա

soko

հանրախանութ

idara ya kuhifadhi

ձկան խանութ

mwuza samaki

առևտրի կենտրոն

kituo cha ununuzi

նավահանգիստ

bandari

զբոսայգի

Hifadhi

բանկերը

benki

կամուրջ

daraja

աստիճաններ

vidato

մետրո

chini ya ardhi

թունել

handaki

ավտոբուսի կանգառ

kituo cha mabasi

բար

bar

ռեստորան

mgahawa

փոստարկղ

sanduku la posta

փողոցային նշան

ishara ya barabara

ավտոկայանման հաշվիչ

mita ya maegesho

կենդանաբանական այգի

bustani ya wanyama

լողավազան

kidimbwi cha kuogelea

մզկիթ

msikiti

Ֆերմա
shamba

աղտոտման
uchafuzi

գերեզմանոց
makaburini

եկեղեցի
kanisa

խաղահրապարակ
uwanja wa michezo

տաճար
hekalu

բնապատկեր
mazingira

փեղկ
jani

ուղղության նշան
ishara ya mwelekeo

ճանապարհ
njia

մարգագետին
malisho

քար
jiwe

ծառ
mti

արշավականներ
mtembeaji wa masafa

գետ
mto

խոտ
nyasi

ծաղիկ
ua

հովիտ

bonde

բլուր

kilima

լիճ

ziwa

անտառ

msitu

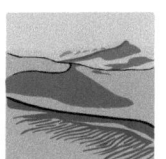

անապատ

jangwa

հրաբուխ

volkano

ամրոց

ngome

ծիածան

upinde wa mvua

սունկ

uyoga

արմավենու ծառ

mtende

մժեղ

mbu

թռչել

kuruka

մրջյուն

chungu

մեղու

nyuki

սարդ

buibui

բզեզ
mende

գորտ
chura

սկյուռ
kuchakuro

ոզնի
nungunungu

նապաստակ
sungura

բու
bundi

թռչուն
ndege

կարապ
swan

վարազ
nguruwe mwitu

եղջերու
kulungu

իշայծյամ
aina ya kongoni

պատնեշ
bwawa

քամին տուրբինների
tabo ya upepo

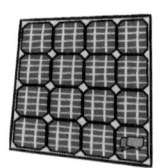

արեւային վահանակ
nishaji ya jua

կլիմա
hali ya hewa

ռեստորան
mgahawa

մատուցող
mhudumu
մենյու
menyu
աթոռ
kiti
supu
պիցցա
piza
սփռոց
kitambaa cha mezani
սպասք
vilia

ստարտեր

kiamsha hamu

հիմնական կերակուր

kozi kuu

դեսերտ

kitindamlo

օրական

vinywaji

սնունդ

chakula

շիշ

chupa

արագ սնունդ

chakula cha haraka

streetfood

Streetfood

թեյնիկ

buli

շաքարաման

kisanduku cha sukari

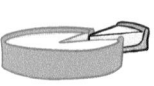

բաժին

sehemu

էսպրեսսո մեքենա

mashine ya espresso

մանկական աթոռ

kiti kirefu

օրինագիծ

muswada

սկուտեղ

trei

դանակ

kisu

պատառաքաղ

uma

գդալ

kijiko

թեյի գդալ

kijiko cha chai

անձեռոցիկ

nepi

ապակի

glasi

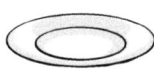

ափսե

sahani

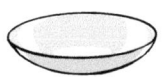

խոր ափսե

sahani ya supu

պնակ

sufuria

սոուս

mchuzi

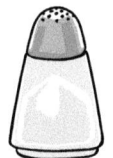

աղաման

kichanyaji chumvi

պղպեղի աղաց

kinu cha pilipili

քացախ

siki

ձեթ

mafuta

համեմունքներ

viungo

կետչուպ

kechapu

մանանեխ

haradali

մայոնեզ

kachumbari nzito

սուպերմարկետ

dukakuu

հատուկ առաջարկ
ofa maalum
FOR
հաճախորդ
mteja
Dairy
maziwa
միրգ
matunda
գնումների սայլակ
toroli

մսամթերքի խանութ

mchinjaji

հացամթերքի խանութ

mwokaji

կշռել

uzito

բանջարեղեն

mboga

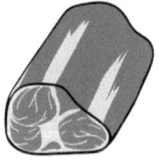

միս

nyama

սառեցված սննդամթերքի

chakula waliohifadhiwa

երշիկեղեն

vipande vya nyama baridi

պահածոների

chakula cha kopo

լվացքի փոշի

sabuni ya unga

քաղցրավենիք

pipi

տնտեսական ապրանքներ

bidhaa za kaya

մաքրող միջոցներ

bidhaa za kusafisha

վաճառող

mtu mauzo

դրամարկղ

mpaka

գանձապահ

keshia

գնումների ցուցակ

orodha ya manunuzi

Ժամերը

masaa ya ufunguzi

դրամապանակ

mkoba

ԿՐԵԴԻՏ քարտ

kadi

պայուսակ

mfuko

պլաստիկ տոպրակ

mfuko wa plastiki

օրական
vinywaji

ջուր

maji

հյութ

sharubati

կաթ

maziwa

կոլա

coke

գինի

mvinyo

գարեջուր

bia

սպիրտ

pombe

կակաո

kakao

թեյ

chai

սուրճ

kahawa

էսպրեսսո

spreso

կապուչինո

kapuchino

սնունդ
chakula

բանան

ndizi

խնձոր

tufaha

նարնջի

machungwa

սեխ

tikiti

կիտրոն

lemon

գազար

karoti

սխտոր

kitunguu saumu

բամբուկ

mianzi

սոխ

kitunguu

սունկ

uyoga

ընկուզեղեն

karanga

արիշտա

nudo

սպագետտի
spageti

բրինձ
mpunga

աղցան
saladi

չիպս
vibanzi

տապակած կարտոֆիլ
viazi vya kukaanga

պիցցա
piza

համբուրգեր
hambaga

սենդվիչ
sandwichi

կոտլետ
kipande

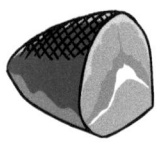

խոզապուխտ
paja la mnyama

սալյամի
salami

երշիկ
soseji

հավ
kuku

խորոված
choma

ձուկ
samaki

վարսակի փաթիլներ

oats ya uji

մյուսլի

muesli

եգիպտացորենի փաթիլներ

cornflakes

ալյուր

unga

կրուասան

kroisanti

բուլկի

andazi

հաց

mkate

տոստ

mkate wa kubanika

թխվածքաբլիթներ

biskuti

կարագ

siagi

կաթնաշոռ

maziwa mgando

տորթ

keki

ձու

yai

տապակած ձու

yai kukaanga

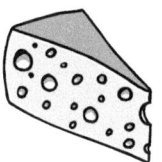

պանիր

jibini

պաղպաղակ
aiskrimu

շաքար
sukari

մեղր
asali

ջեմ
jemu

նուգա սերուցք
kuenea kwa chokoleti

կարրի
mchuzi wa viungo

ֆերմա

shamba

ֆերմային տնակ
nyumba ya kilimo
գոմ
ghalani
ծղոտի դեզ
majani bale
դաշտ
uwanja
ձի
farasi
կցասայլ
trela
քուռակ
mtoto
տրակտոր
trekta
ավանակ
punda
ոչխար
kondoo
գառ
mwanakondoo

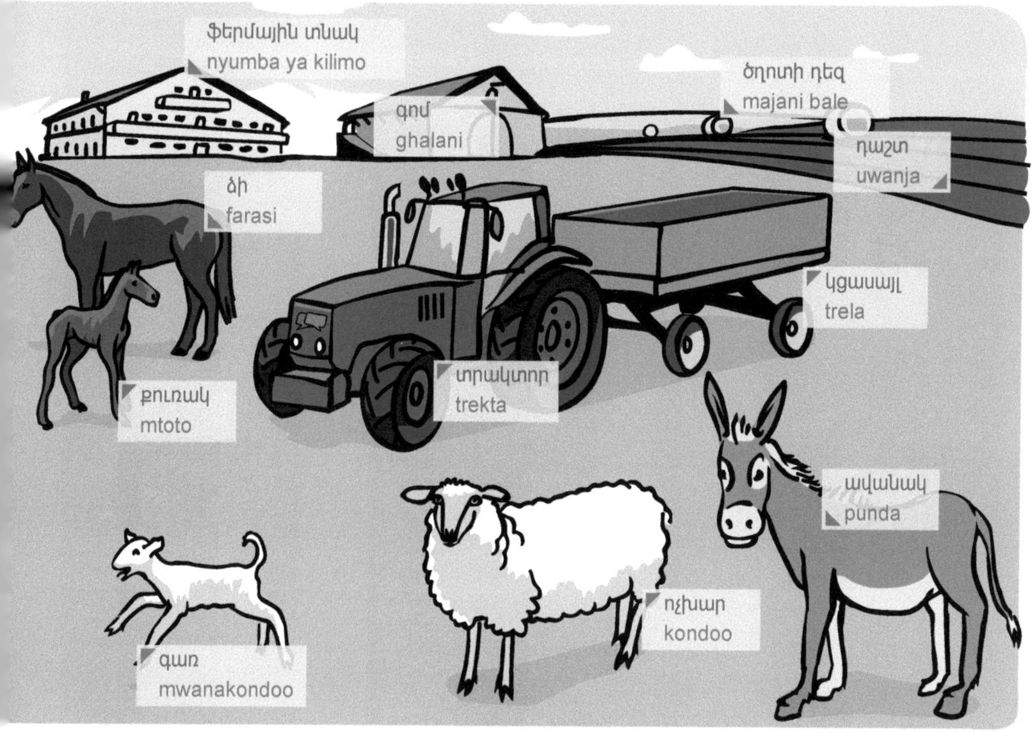

այծ

mbuzi

կով

ng'ombe

հորթ

ndama

խոզ

nguruwe

խոճկոր

mwananguruwe

ցուլ

fahali

սագ
batabukini

բադ
bata

ճուտ
kifaranga

հավ
kuku

աքլոր
jogoo

առնետ
panya

կատու
paka

մուկ
panya

ցուլ
ng'ombe

շուն
mbwa

շան բուն
nyumba ya mbwa

այգու փողրակ
bomba la bustani

watering կարող է
debe la kumwagilia maji

գերանդի
fyekeo

գութան
kulima

մանգաղ
mundu

թոխր
jembe

եղան
uma wa nyasi

կացին
shoka

միանիվ ձեռնասայլակ
toroli

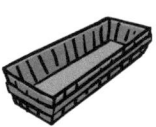

կերակրատաշտ
kupitia nyimbo

կաթի բիդոն
chombo cha maziwa

պարկ
gunia

ցանկապատ
ua

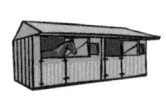

կայուն
imara

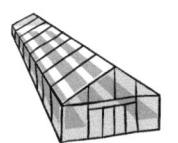

ջերմոց
chafu

հող
udongo

սերմ
mbegu

պարարտանյութ
mbolea

բերքահավաք կոմբայն
kivunaji

բերք

mavuno

բերք

mavuno

յամս

viazi vikuu

ցորեն

ngano

սոյա

soya

կարտոֆիլ

viazi

եգիպտացորեն

mahindi

rapeseed

rapa

մրգային ծառ

mti wa matunda

manioc

muhogo

շիլաներ

nafaka

տուն

nyumba

ծխնելույզ
chimni
տանիք
paa
ջրհորդան խողովակ
bomba la maji ya mvua
պատուհան
dirisha
ավտոտնակ
gareji
դռան զանգ
kengele ya mlangoni
դուռ
mlango
աղբարկղ
pipa la taka
փոստարկղ
sanduku la barua
պարտեզ
bustani

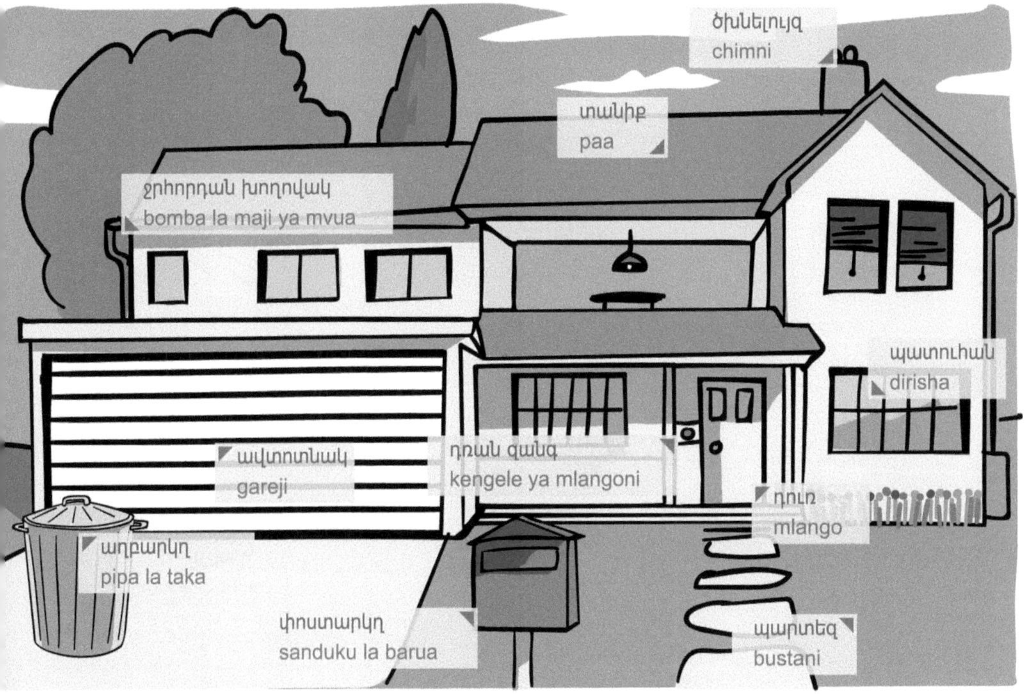

հյուրասենյակ

sebuleni

լողասենյակ

bafu

խոհանոց

jikoni

ննջարան

chumba cha kulala

մանկական սենյակ

chumba ya mtoto

ճաշասենյակ

chumba cha kulia

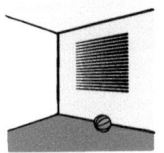

հարկ
sakafu

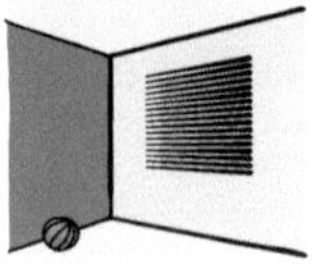

պատ
ukuta

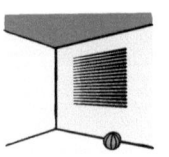

առաստաղ
dari

նկուղ
pishi

շոգեբաղնիք
sauna

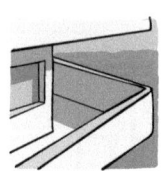

պատշգամբ
roshani

պատշգամբ
mtaro

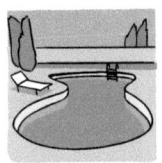

ավազան
kidimbwi

խոտհնձիչ
mashine ya kukata nyasi

թերթ
karatasi

անկողնու ծածկոց
kitambaa cha kupamba
kitanda

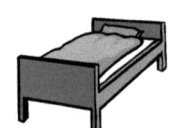

մահճակալ
kitanda

ավել
ufagio

դույլ
ndoo

անջատիչ
kubadili

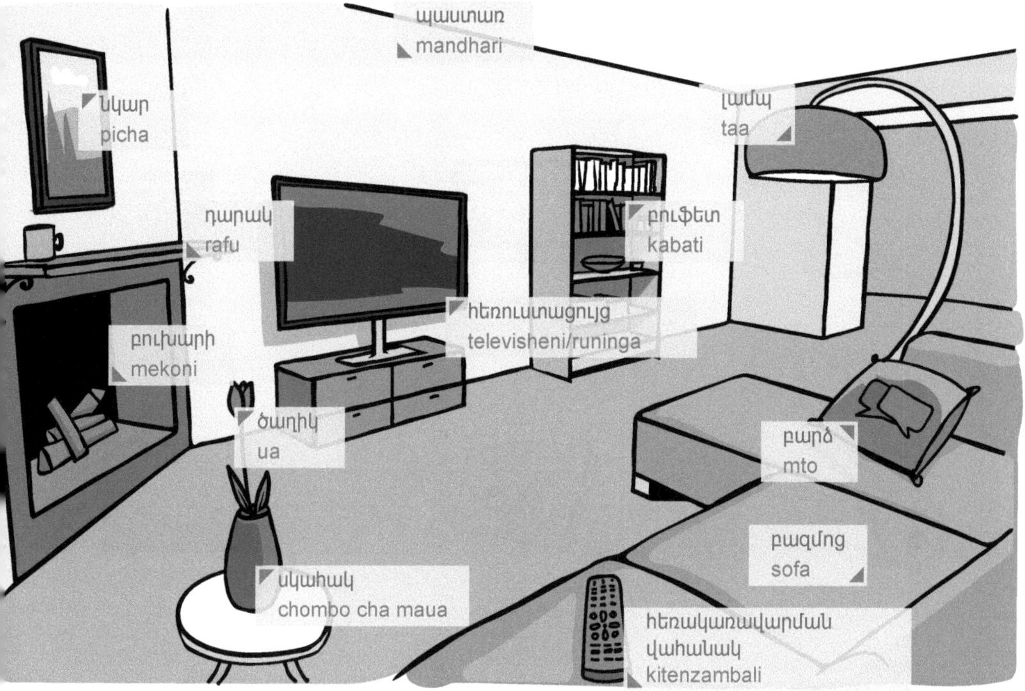

պատատ
mandhari

նկար
picha

լամպ
taa

դարակ
rafu

բուֆետ
kabati

բուխարի
mekoni

հեռուստացույց
televisheni/runinga

ծաղիկ
ua

բարձ
mto

բազմոց
sofa

սկահակ
chombo cha maua

հեռակառավարման
վահանակ
kitenzambali

գորգ
zulia

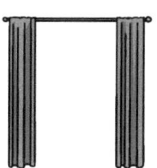

վարագույր
pazia

սեղան
meza

աթոռ
kiti

ճոճվող բազկաթոռ
kiti cha bembea

բազկաթոռ
armchair

գիրք
kitabu

վերմակ
blanketi

զարդարանք
mapambo

վառելափայտ
kuni

ֆիլմ
filamu

hi-fi
kifaa cha hi-fi

բանալի
ufunguo

թերթ
gazeti

նկար
uchoraji

պլակատ
bango

ռադիո
redio

տետր
daftari

փոշեկուլ
kifyonza

կակտուս
dungusi kakati

մոմ
mshumaa

խոհանոց
jikoni

սառնարանի
jokofu
միկրոալիքային վառարան
kikanza
խոհանոցի կշեռք
wadogo jikoni
տոստեր
kibaniko
լվացող հեղուկ
sabuni
վառարան
stovu
սառնարան
friza
աղբարկղ
pipa la taka
աման լվացող սարք
mashine ya kuoshea vyombo

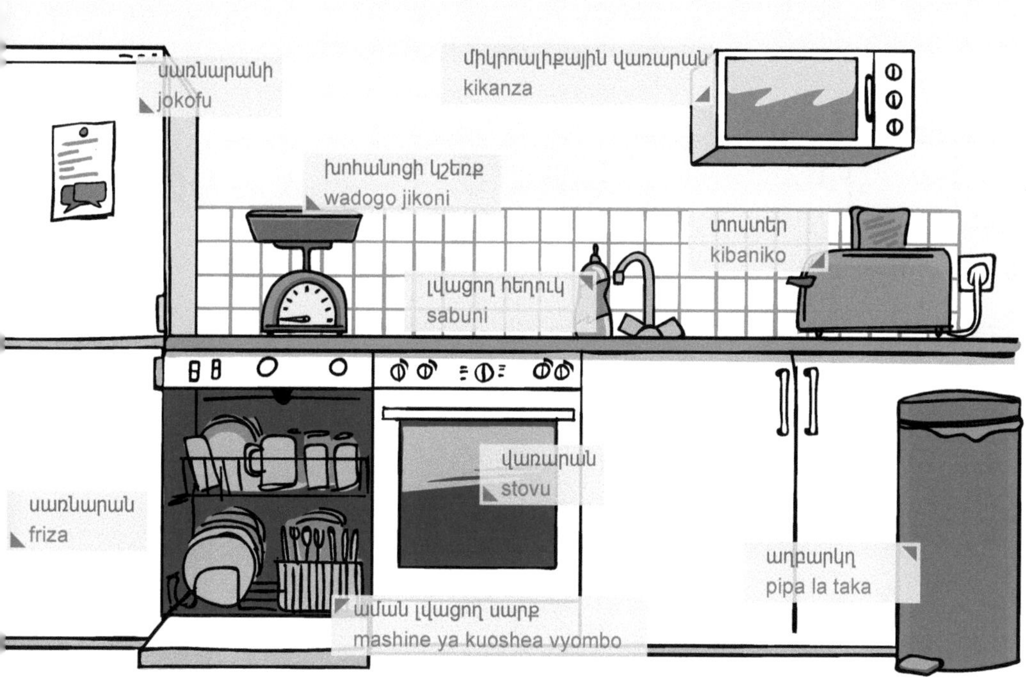

կաթսա

jiko la kupika

կճուճ

chungu

թուջե աման

sufuria ya chuma

wok / kadai

wok / kadai

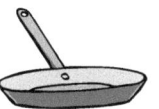

թավա

kaango

թեյնիկ

birika

շոգենավ

stima

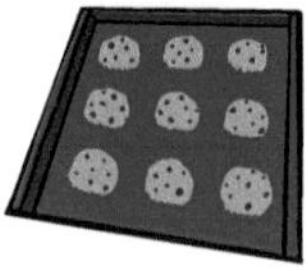

ջեռոցի սկուտեղ

sinia ya kuoka

ամանեղեն

vyombo vya udongo

բաժակ

kombe

խորը աման

bakuli

փայտիկներ

vijiti vya kulia

շերեփ

ukawa

խոհանոցային բահիկ

mwiko mpana

հարել

burashi

քամիչ

kichujio

մաղ

chujio

քերիչ

mbuzi

հավանգ

chokaa

խորոված

barbeque

բաց կրակի

moto wazi

տախտակ
ubao wa majaribio

գրտնակ
kijiti cha kusukuma unga

խցանահան
kizibuo

բանկա
kopo

բացիչ
inaweza kopo

խոհանոցային բռնիչ
kishikio cha chungu

լվացարան
karo

խոզանակ
brashi

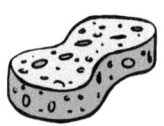

սպունգ
sifongo

բլենդեր
kisagaji matunda

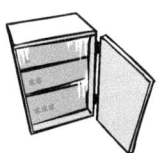

սառնարան
friji ya kina

մանկական շիշ
chupa ya mtoto

թակել
bomba

խոհանոց - jikoni

լողասենյակ

bafu

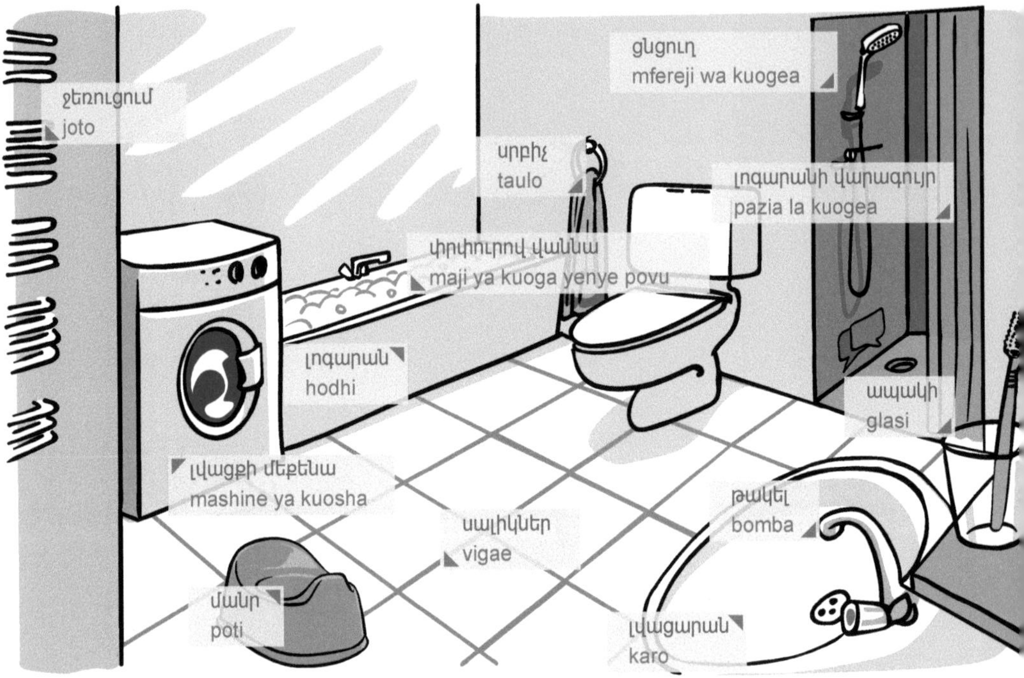

ջեռուցում
joto
ցնցուղ
mfereji wa kuogea
սրբիչ
taulo
լոգարանի վարագույր
pazia la kuogea
փրփուրով վաննա
maji ya kuoga yenye povu
լոգարան
hodhi
ապակի
glasi
լվացքի մեքենա
mashine ya kuosha
թակել
bomba
սալիկներ
vigae
մանր
poti
լվացարան
karo

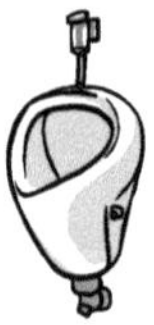

զուգարան

choo

կզելը զուգարան

choo cha squat

բիդե

beseni la mviringo

pissoir

choo cha umma

զուգարանի թուղթ

shashi

զուգարանի խոզանակ

brashi ya choo

ատամի խոզանակ

mswaki

ատամի քսուք

dawa ya meno

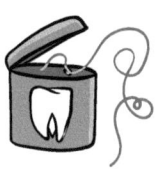

ատամի թել

dawa ya meno

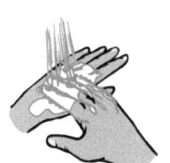

լվանալ

safisha

ձեռքի ցնցուղ

kuoga mkono

ցնցուղ

msukumo wa maji

ավազան

bonde

մեջքի խոզանակ

mpako wa pili

օճառ

sabuni

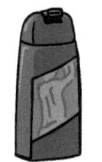

լոգանքի գել

jeli ya kuogea

շամպուն

shampuu

ճիլոպ

flana

հատականցք

toa maji

կրեմ

krimu

դեզոդորանտ

kiondoa harufu

հայելի

kioo

ձեռքի հայելի

kioo mkono

սափրիչ

kinyozi

Սափրվելու փրփուր

povu la kunyoa

սափրվելուց հետո քսվող լոսյոն

baada ya kunyoa

սանր

kichana

խոզանակ

brashi

մազերի չորացուցիչ

kikausha nywele

մազի լաք

marashi ya nyewele

դիմահարդարում

vipodozi

շրթնաներկ

kidomwa

եղունգների լաք

varnish ya msumari

բամբակ

pamba

եղունգների մկրատ

mkasi wa kucha

օծանելիք

manukato

դիմահարդարման
պայուսակ
mkoba wa kuosha

աթոռակ
kinyesi

կշեռք
mizani

լողանալու խալաթ
nguo ya kuoga

ռետինե ձեռնոցներ
glavu za mpira

տամպոն
kisodo

սանիտարական սրբիչ
sodo

քիմիական զուգարան
kemikali choo

մանկական սենյակ
chumba ya mtoto

saa ya kengele
փափուկ խաղալիք
kidoli cha kupakata
խաղալիք մեքենա
gari bandia
բլբլալ
kelele
տիկնիկների տնակ
chumba cha midoli
sasa

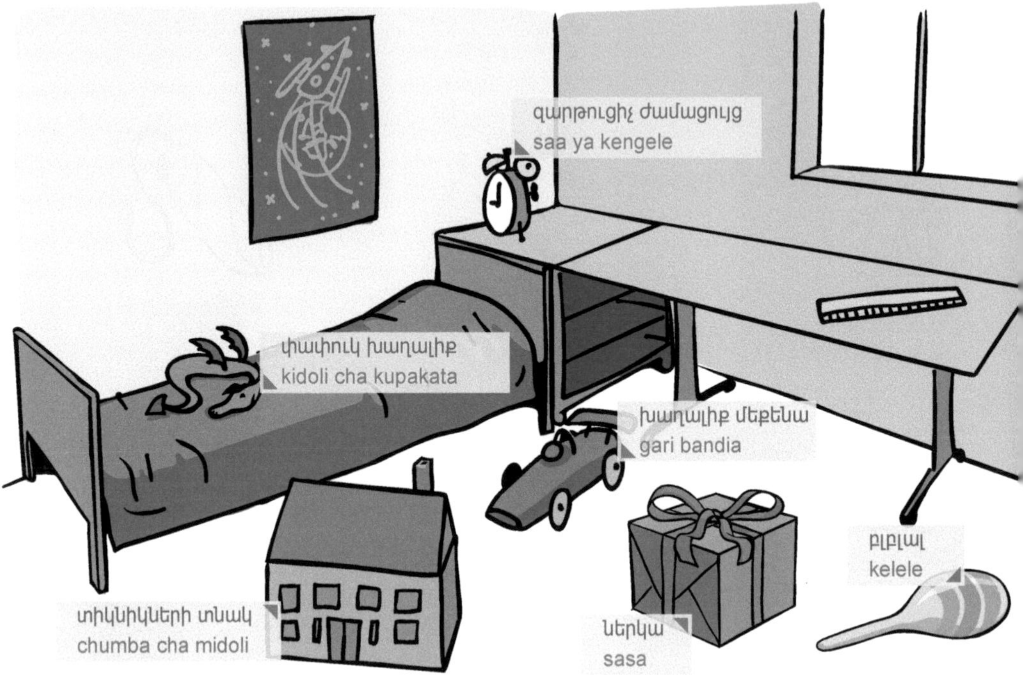

փուչիկ
baluni

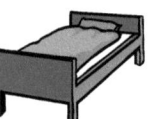

մահճակալ
kitanda

մանկական սայլակ
mashua

խաղաթղթեր
staha ya kadi

խճապատկեր
mchezo-fumb

կոմիքս
vichekesho

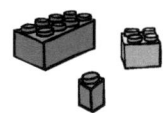

Լեգո կուբիկներ

matofali lego

կառուցողական
խաղալիքներ
vitalu mwigo

ակցիան գործիչ

hatua takwimu

մանկական բոդի

suti ya kulalia

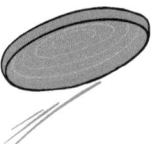

Frisbee

kisahani

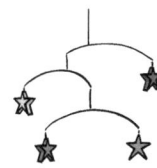

շարժական

simu

խաղատախտակ

ubao wa michezo

զառախաղ

kete

գնացքների կազմ

garimoshi mwigo

ծծակ

dummy

կուսակցություն

chama

մանկական
պատկերազարդ գիրք
picha kitabu

գնդակ

mpira

տիկնիկ

kikaragosi

խաղալ

kucheza

ավազե խաղահրապարակի

shimo la mchanga

ռիթմ

bembea

Խաղալիքներ

vitu bandia

վիդեո խաղ մխիթարել

kiweko cha video ya mchezo

եռանիվ հեծանիվ

baiskeli ya magurudumu

խաղալիք արջուկ

mwanasesere

պահարան

kabati

matatu

հագուստ

nguo

կիսագուլպա

soksi

գուլպա

stokingi

զուգագուլպա

kibano

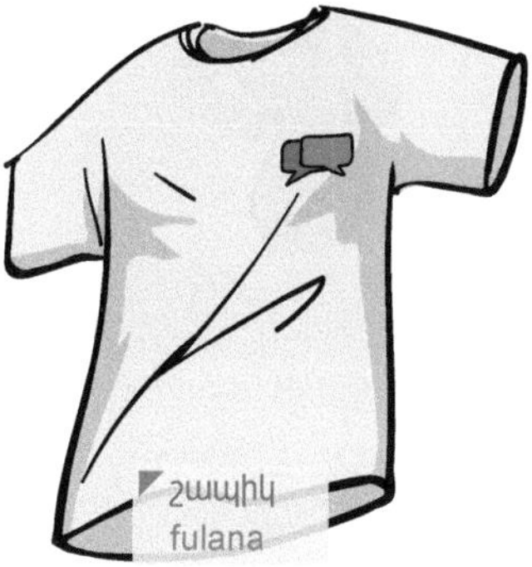

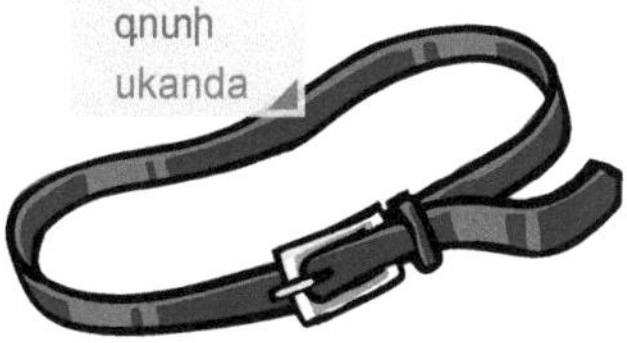

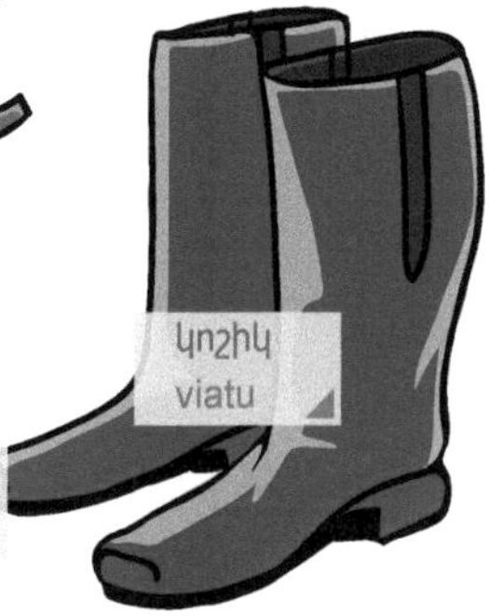

շարֆ
skafu

հովանոց
mwavuli

շապիկ
fulana

գոտի
ukanda

կոշիկ
viatu

սպորտային կոշիկներ
wakufunzi

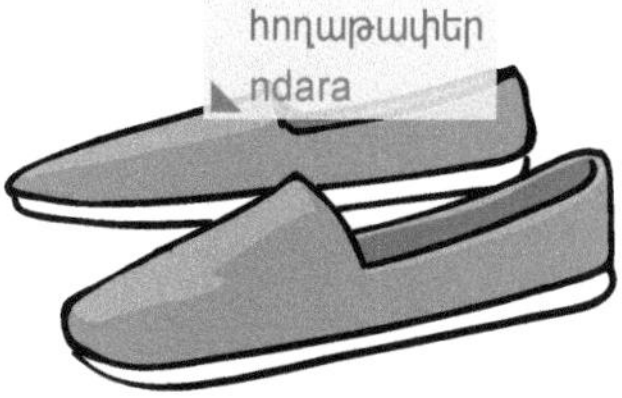

հողաթափեր
ndara

սանդալներ

malapa

կոշիկ

viatu

ռետինե կոշիկներ

mabuti ya mpira

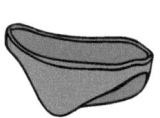

վարտիք

suruali ya ndani

կրծկալ

sidiria

մայկա

fulana

մարմին

mwili

անդրավարտիք

suruali

ջինս

dangirizi

կիսաշրջազգեստ

sketi

բլուզ

blauzi

վերնաշապիկ

shati

պուլովեր

vuta

սպորտային կուրտկա

sweta

պիջակ

bleza

կուրտկա

jaketi

վերարկու

koti

անձրևանոց

koti la mvua

կանացի կոստյում

maleba

զգեստ

gauni

հարսանյաց զգեստ

mavazi ya harusi

տղամարդու կոստյում

suti

գիշերանոց

vazi la usiku

պիժամա

pajama

Սարի

sari

գլխաշորն

skafu

չալմա

kilemba

չադրա

burka

արևելյան խալաթ

kaftan

հաստ վերարկու

abaya

կանացի լողազգեստ

vazi la kuogelea

տղամարդու լողազգեստ

vazi la kiume la kuogelea

շորտ

kaptura

սպորտային համազգեստ

teitei

գոգնոց

aproni

ձեռնոցներ

glavu

կոճակ

kifungo

ակնոց

glasi

ապարանջան

bangili

վզնոց

mkufu

մատանի

pete

ականջօղ

herini

գլխարկ

kofia

կախիչ

kiango cha koti

գլխարկ

kofia

փողկապ

tai

շղթա

zipu

սաղավարտ

kofia

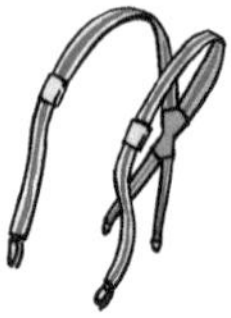

տաբատակալ

kanda za suruali

դպրոցական համազգեստ

sare za shule

համազգեստ

sare

մանկական գոգնոց
....
bibu

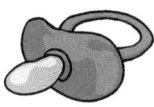

ծծակ
....
dummy

մանկական տակդիր
....
nepi

գրասենյակ
ofisi

սերվեր
seva
գրասենյակային պահարան
kabati la kuweka faili
թուղթ
karatasi
տպիչ
kichapishaji
մոնիտոր
kiwambo
գրասեղան
dawati
մկնիկ
kipanya
թղթապանակ
folda
ստեղնաշար
kibodi
cha kuweka karatasi chafu
համակարգիչ
kompyuta
աթոռ
kiti

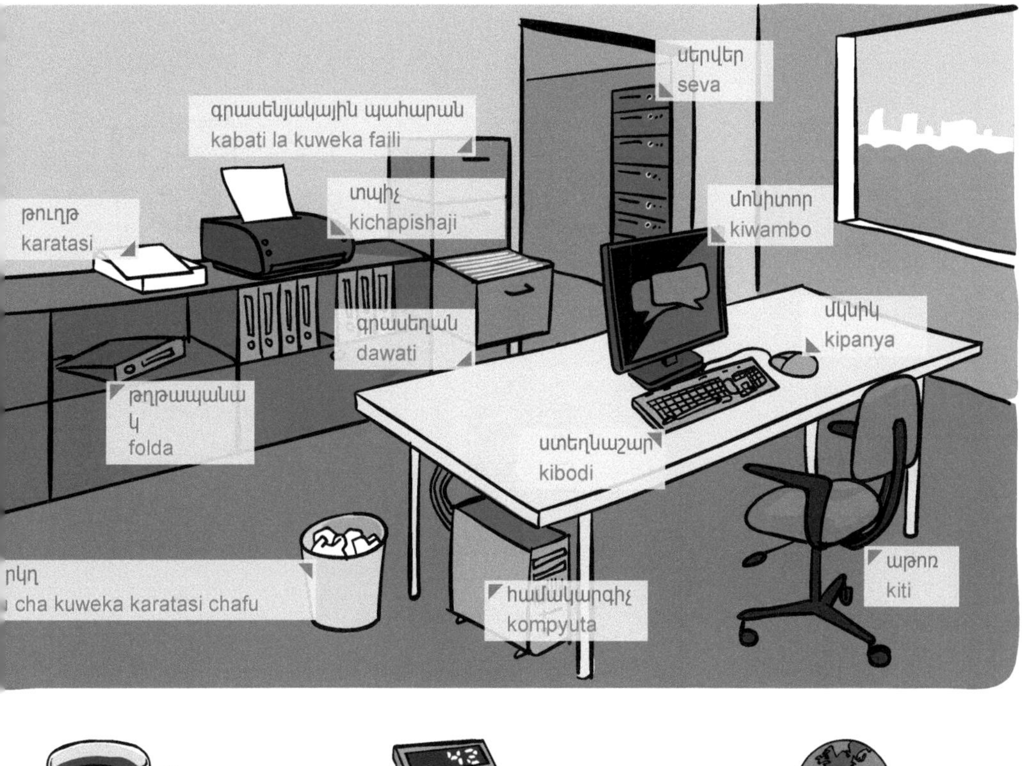

սուրճի գավաթ
....
kmobe la kahawa

հաշվիչ
....
kikokotoo

ինտերնետ
....
biashara

գրասենյակ - ofisi 49

laptop

mbali

նամակ

barua

հաղորդագրություն

ujumbe

բջջային հեռախոս

rununu

ցանց

intaneti

պատճենահանման սարք

fotokopia

ծրագրային ապահովում

programu

հեռախոս

simu

վարդակ

soketi

ֆաքսի մեքենա

kipepesi

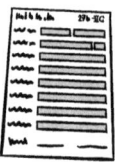

տեսակ

fomu

փաստաթուղթ

hati

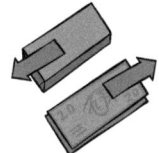

գնել
kununua

վճարել
kulipa

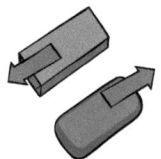

առևտուր
biashara

փող
fedha

դոլար
dola

եվրո
yuro

իեն
yeni

ռուբլի
rouble

շվեյցարական ֆրանկ
faranga ya Uswisi

յուան
renminbi yuan

ռուպի
rupia

բանկոմատ
eneo la kulipia

փոխանակման կետ

ofisi ya ubadilishanaji

ոսկի

dhahabu

արծաթ

fedha

նավթ

mafuta

էներգիա

nishati

գին

bei

պայմանագիր

mkataba

հարկ

kodi

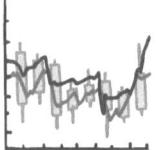

ակցիաներ

bidhaa

աշխատանք

kazi

ծառայող

mfanyakazi

գործատու

mwajiri

գործարան

kiwanda

խանութ

duka

ոստիկան
afisa wa polisi

հրշեջ
mzimamoto

խոհարար
mpishi

բժիշկ
daktari

օդաչու
rubani

այգեպան
mtunza bustani

ատաղձագործ
seremala

դերձակուհի
mshonaji

դատավոր
hakimu

քիմիկոս
mwanakemia

դերասան
muigizaji

ավտոբուսի վարորդ

dereva wa basi

տաքսու վարորդ

dereva wa teksi

ձկնորս

mvuvi

հավաքարար

mwanamke wa kusafisha

տանիքագործ

mwezekaji

մատուցող

mhudumu

որսորդ

mwindaji

նկարիչ

mchoraji

հացթուխ

mwokaji

էլեկտրատեխնիկ

umeme

շինարար

mjenzi

ինժեներ

mhandisi

մսագործ

mchinjaji

ջրմուղագործ

fundi bomba

փոստարար

mwanaposta

զինվոր

mwanajeshi

ճարտարապետ

msanifu majengo

գանձապահ

keshia

ծաղկավաճառ

muuza maua

վարսավիր

msusi

տոմսավաճառ

kondakta

մեխանիկ

mekanika

կապիտան

nahodha

ատամնաբույժ

daktari wa meno

գիտնական

mwanasayansi

ռաբբի

rabbi

իմամ

imamu

կուսակրոն

mtawa

հոգևորական

kasisi

գործիքներ
zana

մուրճ
nyundo
տափակաբերան
աքցան
koleo
պտուտակահա
ն
bisibisi
դարձակ
spana
լապտեր
kurunzi

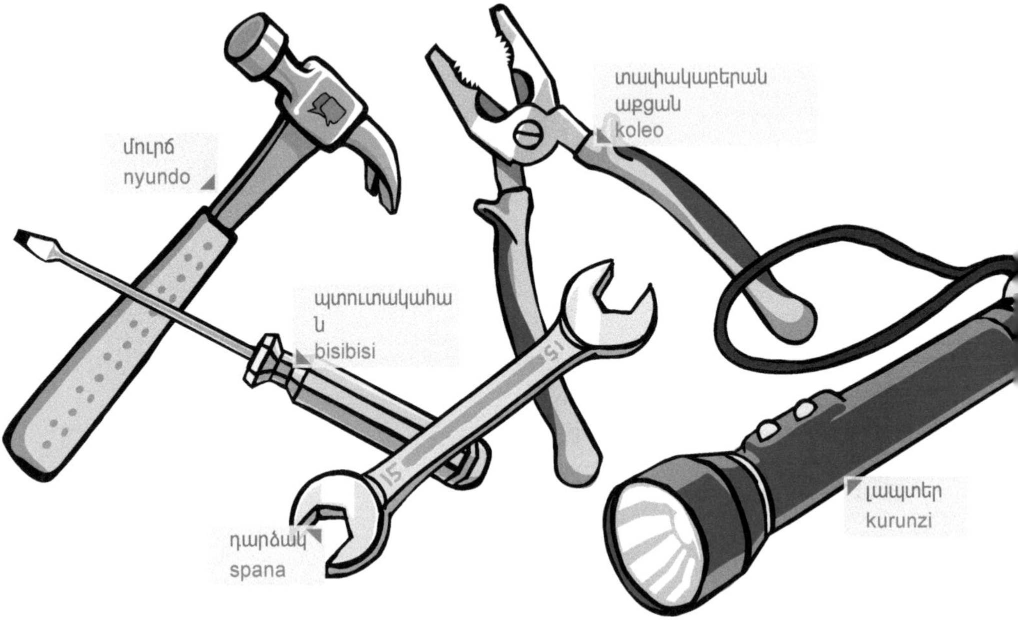

էքսկավատոր

mchimbaji

գործիքների տուփ

sanduku la vifaa

սանդուղք

ngazi

սղոց

msumeno

մեխեր

misumari

գայլիկոն

kuchimba visima

նորոգում

kukarabati

բահ

sepetu

գրողը տանի

Lo!

գոգաթիակ

kishikio cha uchafu

ներկաման

chungu cha rangi

պտուտակներ

skurubu

երաժշտական գործիքներ
ala za muziki

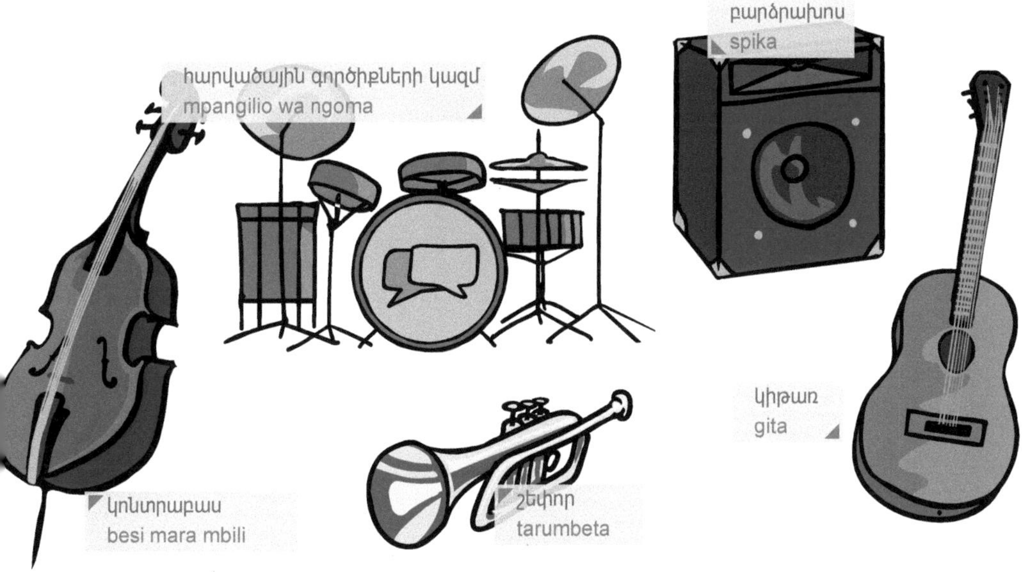

բարձրախոս
spika
հարվածային գործիքների կազմ
mpangilio wa ngoma
կիթառ
gita
կոնտրաբաս
besi mara mbili
շեփոր
tarumbeta

դաշնամուր
piano

ջութակ
fidla

բաս
ubeji

թմբուկներ
timpani

հարվածային գործիքներ
ngoma

ստեղնաշար
kibodi

սաքսոֆոն
saksafoni

ֆլեյտա
filimbi

միկրոֆոն
maikrofoni

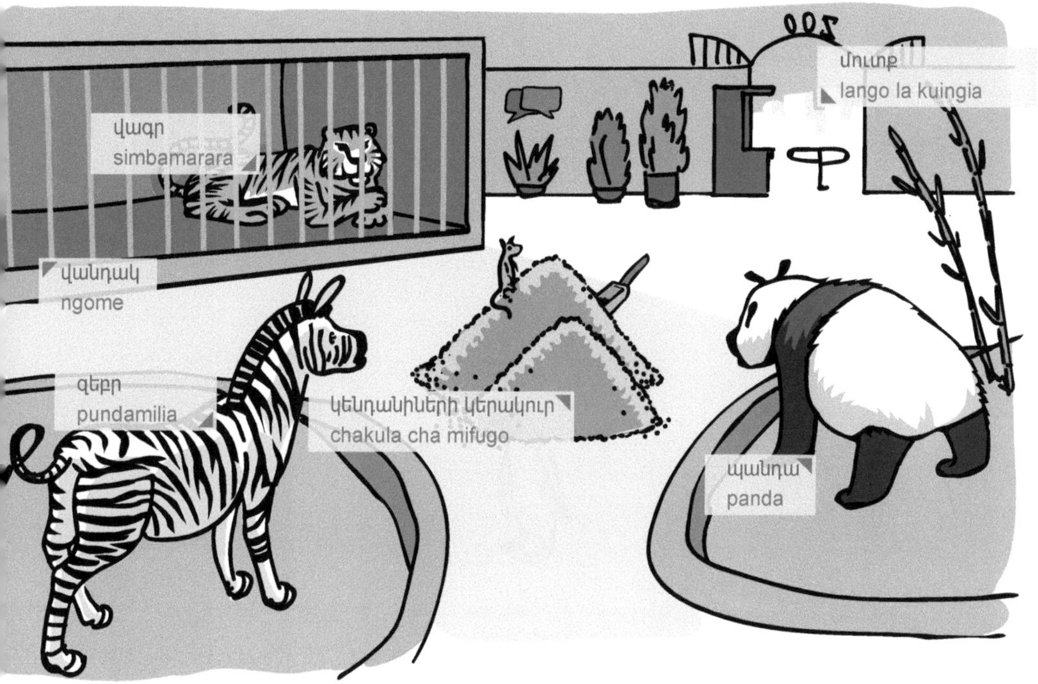

մուտք
lango la kuingia

վագր
simbamarara

վանդակ
ngome

զեբր
pundamilia

կենդանիների կերակուր
chakula cha mifugo

պանդա
panda

կենդանիներ

wanyama

փիղ

tembo

կենգուրու

kangaruu

ռնգեղջյուր

kifaru

գորիլա

sokwe

գորշ արջ

dubu

ուղտ

ngamia

ջայլամ

mbuni

առյուծ

simba

կապիկ

tumbili

Ֆլամինգո

heroe

թութակ

kasuku

բևեռային արջ

dubu

պինգվին

penguini

շնաձուկ

papa

սիրամարգ

tausi

օձ

nyoka

կոկորդիլոս

mamba

կենդանաբանական այգու աշխատող

mtunza wanyama

փոկ

muhuri

յագուար

jaguar

պոնի

mwanafarasi

ընձառյուծ

chui

գետաձի

kiboko

ընձուղտ

twiga

արծիվ

tai

վարազ

nguruwe mwitu

ձուկ

samaki

կրիա

kobe

ծովացուլ

sili

աղվես

mbweha

վիթ

paa

սպորտներ
michezo

ամերիկյան ֆուտբոլ
soka ya marekani
հեծանվավազք
uendeshaji baiskeli
թենիս
tenisi
բասկետբոլ
mpira wa kikapu
լող
kuogelea
բռնցքամարտ
ndondi
հոկեյ
magongo ya barafuni

ֆուտբոլ

soka

բադմինտոն

vinyoya

աթլետիկա

riadha

ձեռքի գնդակ

mpira wa mikono

դահուկային սպորտ

skii

պոլո

polo

գործունեություն
shughuli

ծիծաղել
cheka
ցատկել
kuruka
գրկել
kumbatia
քայլել
kutembea
երգել
kuimba
երազել
ota ndoto
աղոթել
kuomba
համբուրել
busu

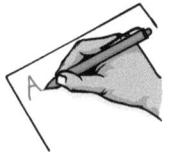

գրել
kuandika

նկարել
kuteka

ցույց տալ
angalia

հրել
sukuma

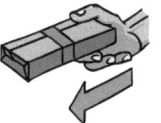

տալ
kutoa

վերցնել
kuchukua

ունենալ

kuwa

դեպի

fanya

լինել

kuwa

կանգնել

kusimama

վազել

kukimbia

քաշել

vuta

նետել

kutupa

ընկնել

kuanguka

ստել

hadaa

սպասել

kusubiri

կրել

kubeba

նստել

kukaa

հագնվել

vaa nguo

քնել

usingizi

արթնանալ

kuamka

նայել

kuangalia

լացել

lia

շոյել

kiharusi

սանրվել

chana nywele

խոսել

ongea

հասկանալ

kuelewa

հարցնել

kuuliza

լսել

kusikiliza

խմել

kunywa

ուտել

kula

հարդարվել

nadhifisha

սիրել

upendo

խոհարար

mpishi

քշել

gari

թռչել

kuruka

լողալ
meli

հաշվել
kokotoa

կարդալ
kusoma

սովորել
kujifunza

աշխատանք
kazi

ամուսնանալ
kuoa

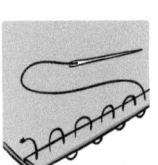

կարել
kushona

ատամները լվանալ
piga mswaki

սպանել
kuua

ծուխ
moshi

ուղարկել
kutuma

ընտանիք
familia

տատիկ
bibi
պապիկ
babu
հայր
baba
մայր
mama
երեխա
mtoto
դուստր
binti
որդի
bin

հյուր
mgeni

հորաքույր
shangazi

հորեղբայր
mjomba

եղբայր
kaka

քույր
dada

մարմին

mwili

ճակատ
paji la uso
աչք
jicho
ուս
bega
մատ
kidole
դեմք
uso
կզակ
kidevu
ձեռք
mkono
կուրծք
matiti
ոտք
mguu
mkono

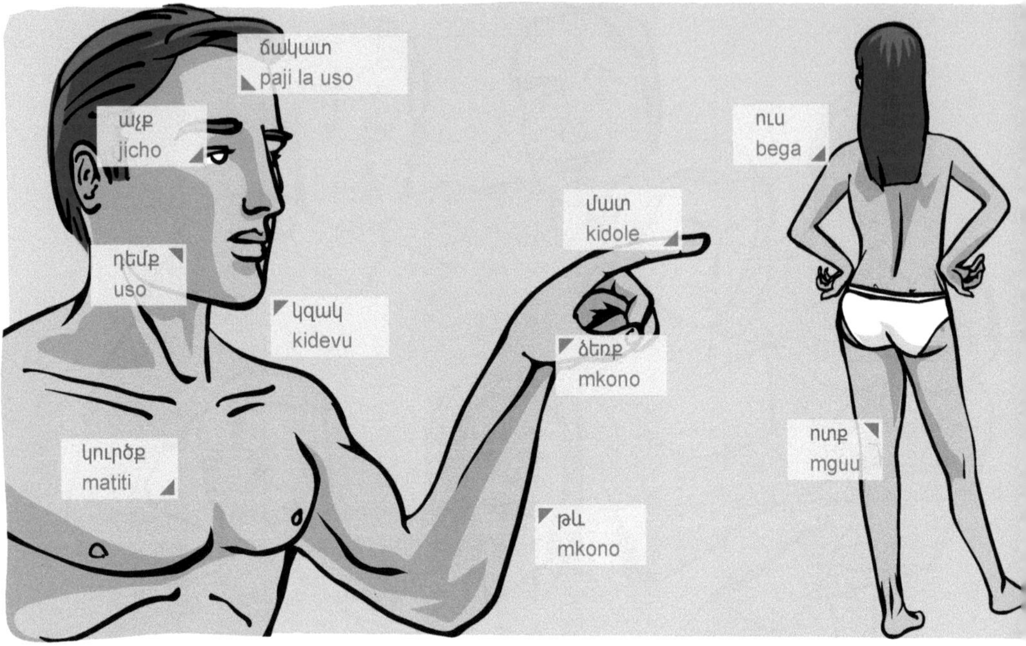

երեխա

mtoto

մարդ

mwanamume

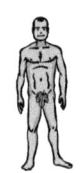

կին

mwanamke

աղջիկ

msichana

տղա

mvulana

գլուխ

kichwa

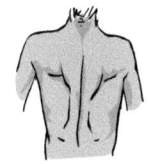

մեջք

nyuma

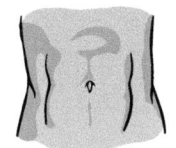

փոր

tumbo

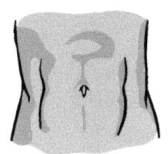

պորտ

kitovu

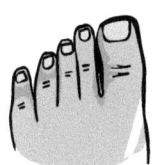

ոտնամատ

chano

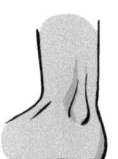

կրունկ

kisigino

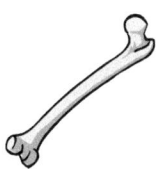

ոսկոր

mfupa

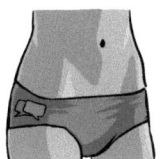

ազդր

nyonga

ծունկ

goti

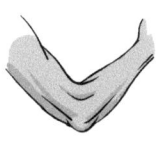

արմունկ

kiwiko

քիթ

pua

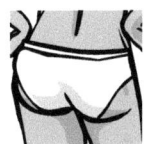

հետույք

chini

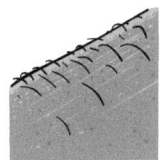

մաշկ

ngozi

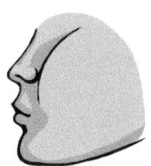

այտ

shavu

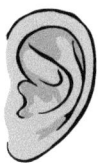

ականջ

sikio

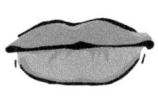

շրթունք

mdomo

բերան

kinywa

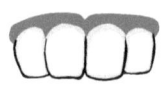

ատամ

jino

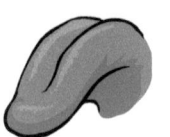

լեզու

ulimi

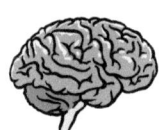

ուղեղ

ubongo

սիրտ

moyo

մկան

misuli

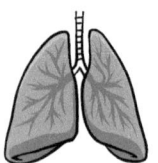

թոք

pafu

լյարդ

ini

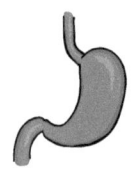

ստամոքս

tumbo

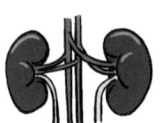

երիկամներ

figo

սեքս

jinsia

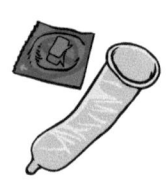

պահպանակներ

kondomu

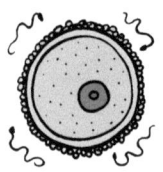

ձվաբջիջը

ovari

Սեմյոն

shahawa

հղիություն

mimba

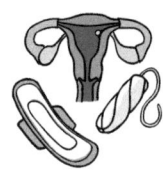

դաշտան
hedhi

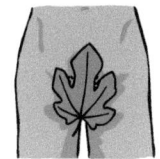

հեշտոց
uke

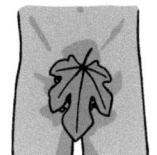

առնանդամ
uume

հոնք
unyusi

մազ
nywele

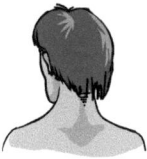

պարանոց
shingo

հիվանդանոց

hospitali

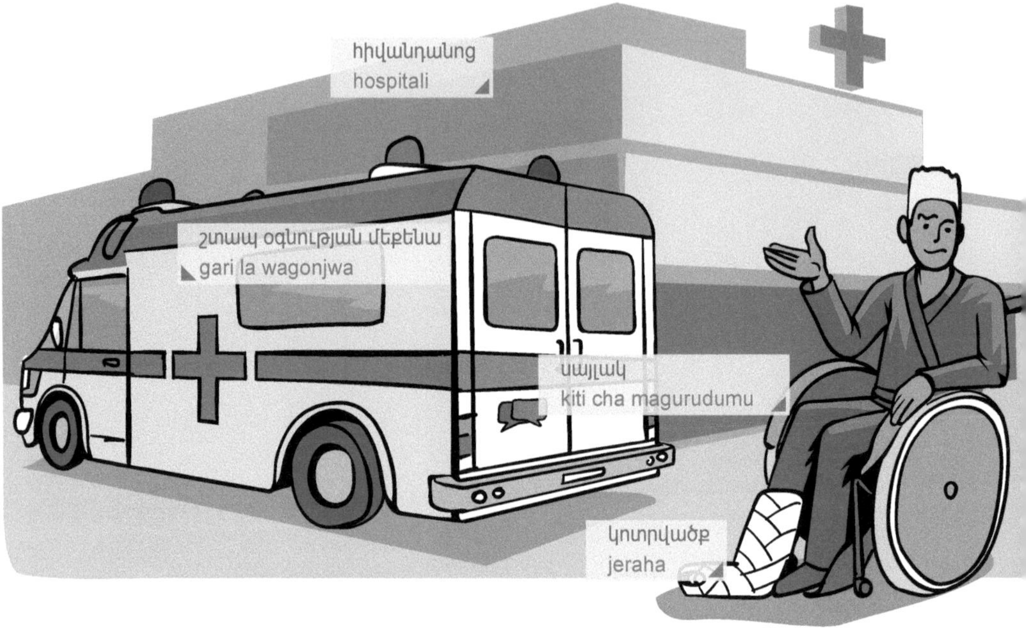

հիվանդանոց
hospitali
շտապ օգնության մեքենա
gari la wagonjwa
սայլակ
kiti cha magurudumu
կոտրվածք
jeraha

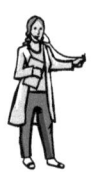

բժիշկ

daktari

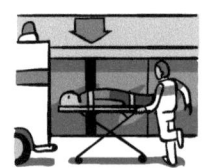

շտապ օգնության սենյակ

chumba cha dharura

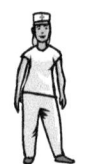

բուժքույր

muuguzi

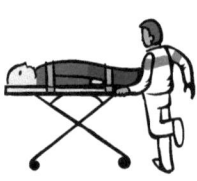

շտապ օգնություն

dharura

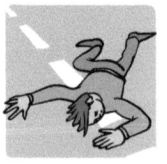

անգիտակից

kupoteza fahamu

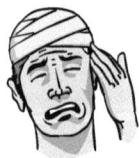

ցավ

maumivu

վնասվածք

kuumia

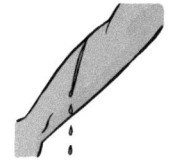

արյունահոսություն

kutokwa na damu

սրտի կաթված

mshtuko wa moyo

կաթված

kiharusi

ալերգիա

mzio

հազ

kikohozi

տենդ

homa

գրիպ

mafua

փորլուծություն

kuharisha

գլխացավ

maumivu ya kichwa

քաղցկեղ

kansa

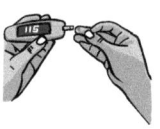

դիաբետ

ugonjwa wa kisukari

վիրաբույժ

daktari mpasuaji

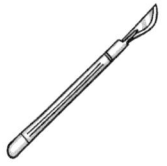

վիրադանակ

kisu kidogo cha kupasulia

վիրահատություն

operesheni

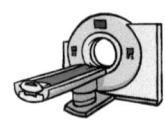

CT

picha changanufu ya mwili

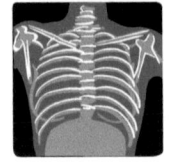

ռենտգեն

Eksrei

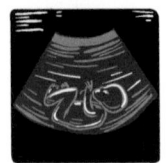

ուլտրաձայնային

mawimbi sauti

դեմքի դիմակ

barakoa ya uso

հիվանդություն

ugonjwa

սպասասրահ

chumba cha kusubiri

հենակ

mkongojo

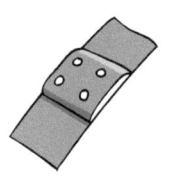

սպեղանի

plasta

վիրակապ

bendeji

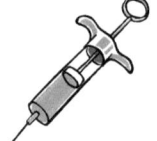

ներարկում

sindano

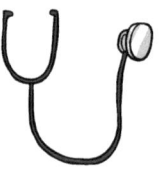

լսափողակ

stetoskopu

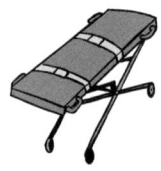

պատգարակ

machela

ջերմաչափ

kipimajoto cha kliniki

ծնունդ

kuzaliwa

ավելաքաշ

unene kupita kiasi

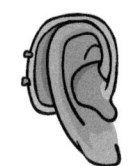

լսելով օգնության

kusikia misaada

ախտահանիչ

kipukusi

վարակ

maambukizi

վիրուս

virusi

ՄԻԱՎ / ՁԻԱՀ

VVU / UKIMWI

դեղորայք

dawa

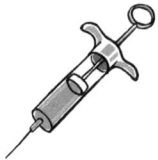

պատվաստում

chanjo

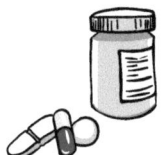

հաբեր

vidonge

հաբ

kidonge

ահազանգ

simu ya dharura

արյան ճնշման չափիչ սարք

haemodainamometa

հիվանդ / առողջ

mgonjwa / mwenye afya

Շտապ օգնություն
dharura

Օգնություն!

Msaada!

տագնապի ազդանշան

kengele

հարձակում

pigo

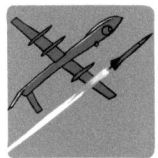

հարձակում

shambulizi

վտանգ

hatari

վթարային ելք

lango la dharura

Հրդեհ

Moto!

կրակմարիչ

kizima moto

վթար

ajali

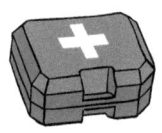

առաջին օգնության դեղարկղ

vifaa vya huduma ya kwanza

SOS

wito wa msaada

ոստիկանություն

polisi

Եվրոպա

Ulaya

Հյուսիսային Ամերիկա

Amerika ya Kaskazini

Հարավային Ամերիկա

Amerika ya Kusini

Աֆրիկա

Afrika

Ասիա

Asia

Ավստրալիա

Australia

Ատլանտյան օվկիանոս

Atlantiki

Խաղաղ օվկիանոս

Pasifiki

Հնդկական օվկիանոս

Bahari ya Hindi

Հարավային Սառուցյալ
օվկիանոս

Bahari ya Antaktiki

Հյուսիսային Սառուցյալ
օվկիանոս

Bahari ya Aktiki

հյուսիսային բևեռ

Ncha ya Kaskazini

հարավային բևեռ
....
Ncha ya Kusini

Անտարկտիդա
....
Antaktika

երկիր
....
dunia

ցամաք
....
nchi

ծով
....
bahari

կղզի
....
kisiwa

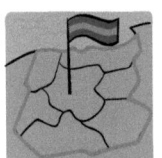

ազգ
....
taifa

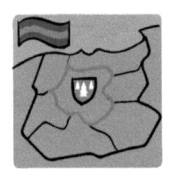

պետական
....
jimbo

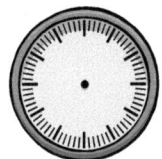

ժամացույց
saa

թվատախտակ

uso wa saa

ժամի սլաք

akrabu ya saa

րոպեի սլաք

akrabu ya dakika

վայրկյանի սլաք

akrabu ya sekunde

Ժամը քանիսն է?

Ni saa ngapi?

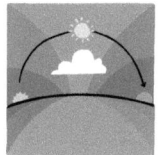

օր

siku

այսպիսով

wakati

այժմ

sasa

թվային ժամացույց

saa ya dijitali

րոպե

dakika

ժամ

saa

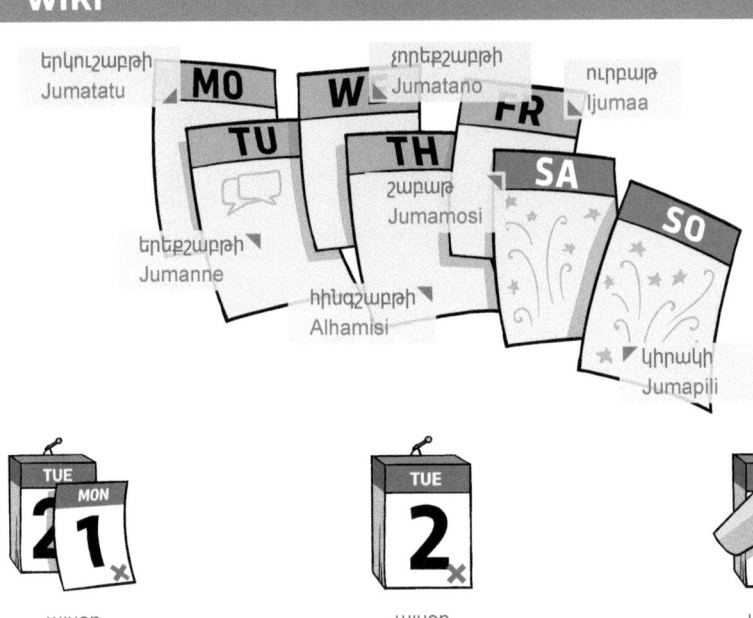

երկուշաբթի
Jumatatu

MO

W Jumatano
չորեքշաբթի

ուրբաթ
Ijumaa

TU

TH
շաբաթ
Jumamosi

FR

SA

երեքշաբթի
Jumanne

հինգշաբթի
Alhamisi

SO

կիրակի
Jumapili

այսօր
jana

այսօր
leo

վաղը
kesho

առավոտ
asubuhi

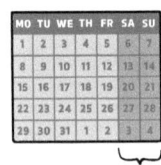

կեսօր
saa sita mchana

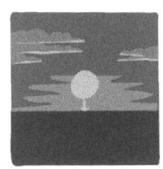

երեկո
jioni

MO	TU	WE	TH	FR	SA	SU
1	2	3	4	5	6	7
8	9	10	11	12	13	14
15	16	17	18	19	20	21
22	23	24	25	26	27	28
29	30	31	1	2	3	4

աշխատանքային օրեր
siku za biashara

MO	TU	WE	TH	FR	SA	SU
1	2	3	4	5	6	7
8	9	10	11	12	13	14
15	16	17	18	19	20	21
22	23	24	25	26	27	28
29	30	31	1	2	3	4

շաբաթվա վերջ
mwishoni mwa wiki

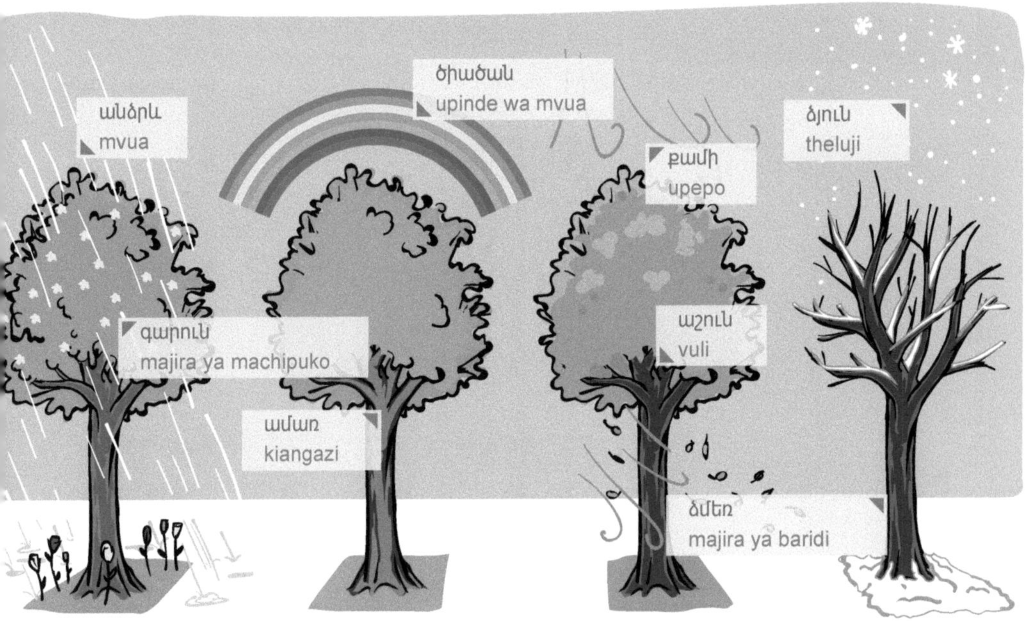

ծիածան
upinde wa mvua
անձրև
mvua
քամի
upepo
ձյուն
theluji
գարուն
majira ya machipuko
աշուն
vuli
ամառ
kiangazi
ձմեռ
majira ya baridi

4.APRIL 11°
5.APRIL 4°
6.APRIL 13°
7.APRIL 8°
8.APRIL 10°

եղանակի տեսություն

utabiri wa hali ya hewa

F C
120 40
90 30
60 20
30 10
0 0
-30 -10
-20

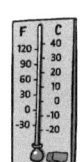

ջերմաչափ

kipimajoto

արևի լույս

mwanga wa jua

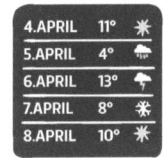

ամպ

wingu

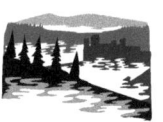

մառախուղ

ukungu

խոնավություն

unyevu

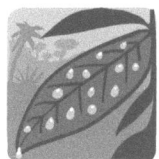

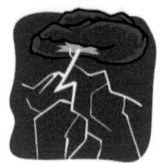

կայծակ

umeme

որոտ

radi

փոթորիկ

dhoruba

կարկուտ

mvua ya mawe

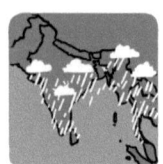

մուսոն

monsuni

ջրհեղեղ

mafuriko

սառույց

barafu

հունվար

Januari

փետրվար

Februari

մարտ

Machi

ապրիլ

Aprili

մայիս

Mei

հունիս

Juni

հուլիս

Julai

օգոստոս

Agosti

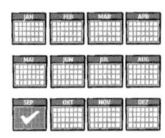

սեպտեմբեր

Septemba

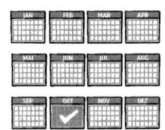

հոկտեմբեր

Oktoba

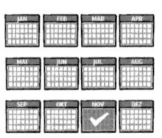

նոյեմբեր

Novemba

դեկտեմբեր

Desemba

ձեւավորում

maumbo

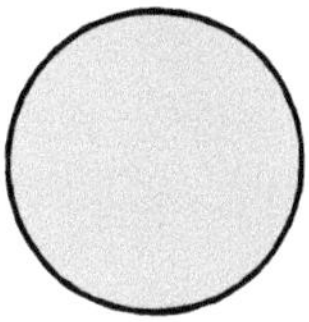

շրջան

mduara

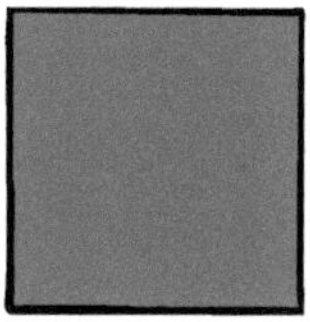

քառակուսի

mraba

ուղղանկյունի

mstatili

եռանկյունի

pembetatu

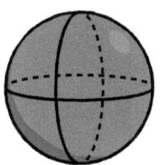

ասպարեզ

nyanja

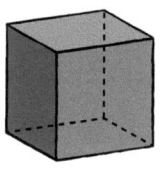

խորանարդ

mchemraba

գույներ

rangi

վարդագույն

nyeupe

մոխրագույն

manjano

դեղին

chungwa

մանուշակագույն

rangi ya waridi

կարմիր

nyekundu

շագանակագույն

hudhurungi

կապույտ

bluu

սև

kijani

նարնջագույն

hanja

սպիտակ

jivujivu

կանաչ

nyeusi

հակադիրներ
kinyume

շատ / քիչ

mengi / kidogo

բարկացած / հանգիստ

hasira / pole

գեղեցիկ / տգեղ

nzuri / mbaya

սկսած / վերջը

mwanzo / mwisho

մեծ / փոքր

kubwa / ndogo

պայծառ / մութ

angavu / giza

եղբայրը / քույրը

kaka / dada

մաքուր / կեղտոտ

safi / chafu

ամբողջական / թերի

kamilika / tokamilika

օր / գիշեր

siku / usiku

մեռած / կենդանի

wafu / hai

լայն / նեղ

pana / nyembamba

ուտելի / անուտելի

kulika / kutolika

չար / բարի

ovu / ema

հուզված / ձանձրացրել

sisimkwa / udhika

հաստ / բարակ

nene / nyembamba

առաջին / վերջին

kwanza / mwisho

ընկերը / թշնամին

rafiki / adui

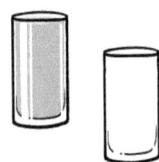

լիքը / դատարկ

jaa / tupu

կոշտ / փափուկ

ngumu / laini

ծանր / թեթև

nzito / nyepesi

քաղց / ծարավ

njaa / kiu

հիվանդ / առողջ

mgonjwa / mwenye afya

անօրինական է / իրավաբանական

haramu / kisheria

Խելացի / հիմարություն

akili / kijinga

ձախ / աջ

kushoto / kulia

մոտիկ / հեռու

karibu / mbali

Նոր / օգտագործվում

mpya / kutumika

ոչինչ / ինչ - որ բան

kitu / jambo

ծեր / երիտասարդ

zee / changa

միացում անջատում

waka / zima

բաց / փակ

wazi / fungwa

ցածր / բարձր

utulivu / kelele

հարուստ / աղքատ

tajiri / masikini

ճիշտ / սխալ

sahihi / kosa

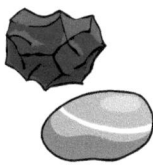

անհարթ / հարթ

mbaya / laini

տխուր / ուրախ

huzunika / furahia

կարճ / երկար

fupi /ndefu

դանդաղ / արագ

polepole / haraka

թաց / չոր

nyevu / kavu

տաք / թույն

joto / baridi

պատերազմ / խաղաղությունը

vita / amani

թվեր
nambari

0	1	2
զրո	մեկ	երկու
sufuri	moja	mbili
3	4	5
երեք	չորս	հինգ
tatu	nne	tano
6	7	8
վեց	յոթ	ութ
sita	saba	nane
9	10	11
ինը	տաս	տասնմեկ
tisa	kumi	kumi na moja

12

տասներկու
kumi na mbili

13

տասներեք
kumi na tatu

14

տասնչորս
kumi na nne

15

տասնհինգ
kumi na tano

16

տասնվեց
kumi na sita

17

տասնյոթ
kumi na saba

18

տասնութ
kumi na nane

19

տասնինը
kumi na tisa

20

քսան
ishirini

100

հարյուր
mia

1.000

հազար
elfu

1.000.000

միլիոն
milioni

lugha

անգլերեն

Kiingereza

ամերիկյան անգլերեն

Kiingereza cha Marekani

չինարեն մանդարին

Kimandarini cha Uchina

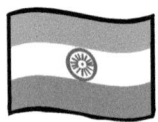

հինդի

Kihindi

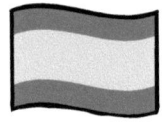

իսպաներեն

Kihispania

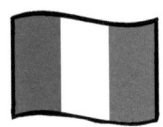

ֆրանսերեն

Kifaransa

արաբերեն

Kiarabu

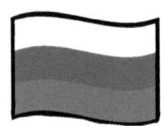

ռուսերեն

Kirusi

պորտուգալերեն

Kireno

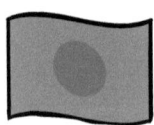

բենգալերեն

Kibengali

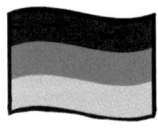

գերմաներեն

Kijerumani

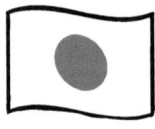

ճապոներեն

Kijapani

Ով է /, թե ինչ է /, ինչպես
ambao / nini / jinsi

ես

mimi

դուք

wewe

Նա / նա /, որ դա

yeye / yeye / ni

մենք

sisi

դուք

wewe

նրանք

wao

Ով է?

nani?

ինչ?

nini?

ինչպես?

jinsi gani?

որտեղ.

wapi?

երբ?

lini?

անուն

jina

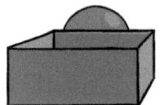

որտեղ

wapi

ետևում

nyuma

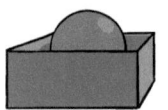

մեջ

katika

դիմաց

mbele ya

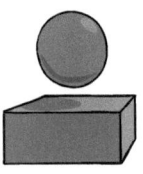

վրա

juu ya

վրա

kwenye

տակ

chini ya

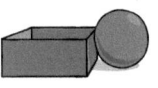

կողքին

kando

միջեւ

kati

տեղ

mahali